그래서 행복하십니까?

인문학 시인선 004

그래서 행복하십니까?
이현희 시집

제1쇄 인쇄 2023. 7. 15
제1쇄 발행 2023. 7. 20

지은이 이현희
펴낸이 민윤식
펴낸곳 인문학사

등록번호 제 2023-000035
서울시 종로구 종로19 르메이에르 종로타운 1030호.(종로1가)
전화 : 02-742-5218

ISBN 979-11-983214-4-2 (03800)

ⓒ이현희, 2023
Printed in Seoul, Korea

*잘못 만들어진 책은 본사나 구입하신 서점에서 교환하여드립니다.
*이 책은 저작권법에 의해 보호받는 저작물이므로 저작자와
 출판사의 서면동의 없이는 무단 전재와 무단복제를 금합니다.

인문학 시인선 004

이현희 시집

그래서 행복하십니까?

인문학사

첫시집을 내면서

이 시집은 제가 살아온 세월의 끝에서 다가오는 세월의 시작으로 전환되는 과정에서 묵은 것들을 비워내는 것입니다. 좋았던 것, 기억해야 할 것뿐만이 아니라, 슬펐던 것, 기억하고 싶지 않은 것들까지 지금의 나를 있도록 한 모든 것들이 어우러져 태어난 짧은 이야기들을 세상에 드러냄으로써 비움을 실행하고자 합니다. 이 비움이 살아 온 세월을 사라지게 하는 것이 아니고, 앞으로 살아갈 세월을 새롭게 하지도 않을 테지만 비움을 바탕으로 다시 채우기 위한 창고정리입니다.

내 세월이 빚어낸 것들을 먼 옛날 은어가 빚어내던 물비늘이라 여기고 같은 마음의 독자들을 모십니다. 새로움은 늘 가슴을 뛰게 합니다. 그 길을 나서며 한 걸음 뒤에서 제게 묻습니다.

그래서 지금 행복하신가?

                            2023년 여름
                            이현희

contents

005 첫시집을 내면서 - 이현희

제1부

012 한 걸음 뒤에서
013 적막
014 싸움
016 팔순 잔치
017 중매쟁이
018 고독
019 삶
020 좋은 사람으로 남기
021 세뇌
022 바보
024 인생은 대하소설
025 커피
026 울 자유
027 출구를 찾아서

제2부

030 은어야 바다로 가자
031 길
032 갈대
033 놀 다섯 마당
034 산들바람
035 구름 엄마
036 독도는 대한민국 땅
037 바람 언덕
038 날지 않는 새
040 리라와디의 유혹
041 하늘이 파랗다
042 별
043 칼춤
044 지렁이
045 왜
046 사자바위
047 창가에서
048 분리수거
049 벼 대신 빌딩이 자란다
050 소나무꽃

제3부

- 052 친구야
- 053 누나
- 054 김장김치 올라온 날
- 055 은행 모정
- 056 벌초
- 057 대물림
- 058 식탁
- 059 두껍아, 두껍아
- 060 인디언인형처럼
- 061 로시난테
- 062 나무늘보
- 063 헌팅캡
- 064 쌀을 씻으며
- 065 종점행
- 066 안부

제4부

068 그래서 행복하십니까?
070 사랑은
071 연가
072 일단, 한 번 만나
073 고해
074 징검다리
075 티브이를 끄고
076 너만 있으면 돼
077 일주일만 더 살아서
078 중독
079 자유는 없다
080 벗고 놀자
081 그리움의 무게

제5부

084 늙은 시인의 노래
086 시 세계
087 시
088 비와 시
089 일
090 여름

091 해보기
092 숨바꼭질
093 힘 빼기
094 새 풀 옷 갈아입고
095 말 잡기
096 꿈꾸기
097 시가 되어
098 코다와 시인과 등대
099 염원
100 공감의 늪

평설
101 평범함을 비범함으로 승화시킨 진정성의
미덕과 매력/민윤기

제1부

한 걸음 뒤에서

당당하던 어깨 좁아지고
긴 목 굽어 거북목 되었다.

걸음 느려지고 백발 성성한 여인
뒤에서 걸어야 놓치지 않는다.

바람에 날리고 비에 젖어도
꽃잎 곱던 꽃송이

여전히 꽃이니
꽃으로 저물어 가시게

당신 있어 한세상 웃고 살아
고맙고 가엽고 미안해서

이제는 아무리 우겨도
이기려 들지 않으리다.

건널목에서 달리지 말고
신호등 잘 보고 천천히 건너요.

화사한 슬픔 보듬어 안고
한걸음 뒤에서 걸으리다.

적막 寂寞

동네 병원에 다녀오니 집안은 나가기 전
그 모양 그대로인데 인기척이 없고
전등이 모두 꺼져있는 거실
창밖 훤한 햇살이 슬쩍 들여다보고 있다

먹다 남은 생일 케이크 식탁에 덩그렇고
시장 손수레 거실 귀퉁이에 쭈그리고 있다
아내는 옆으로 등 돌려 소파에 누워 있고
텔레비전에서는 시리즈 영화가 한창이다

가만히 건드리니 자는 것이 아니라
그냥 눈감고 누워있는 거란다
보지 않을 텔레비전을 왜 켜놓았어?
그거라도 떠들어야 하니까 켜 두었단다.

맞아, 아파트 단지가 쥐죽은 듯 조용하다
아이들 떠드는 소리를 들은 것이 언제였던가
어느새 소파에 기대어 핸드폰 들여다보고
텔레비전은 여전히 혼자 떠들고 있다.

싸움

싸우는 것을 엄청나게 싫어했지
한창 싸우면서 자랄 나이 때부터 넌 그랬어.
애들이 둘러싸고 구경하는 한가운데서
그 녀석 덩치에 밀려 밑에 깔린
그날 이후로는 싸움을 피했지,
이길 힘은 없고 지기는 싫으니까

그게 습관처럼 굳어졌는지
지는 게 두려우니까
누군가와 경쟁하는 것을 피했어.
누구로부터 선택받는 것도 피했어.
선택받는 것이 누군가의 몫을 빼앗는 것만 같았거든
학교에서 보는 시험 이외에는
시험을 보지 않으면 안 되는 필수적인 시험만 치렀어
이를테면 운전면허시험이지

나는 실패를 너무 두려워했어.
왜냐하면,
내 뜻대로 내가 원하는 대로 이겨본 적이 없었으니까
그랬던 내가 드디어 무엇인가를 원하고
원하는 것을 얻기 위해서 경쟁하고 있어

처음에는 다른 누군가와 경쟁하는 줄 알았어.
그런데 내가 나와 경쟁하는 것이라는 것을 깨달았지

그러니까
이기면 내가 이기는 것이고
지면 또 내가 지는
나와의 싸움을 하는 거야
이제 내가 하는 경쟁이 두렵지 않아
이기고 지는 경쟁이 아니니까
반드시 치러야 하는 입학시험이야
그러니까 시험 볼 수 있을 때 잘해

팔순 잔치

삼각관계가 뭐냐니까
한사코 손사래 치는 팔순노인

아니어! 아니어
눈물이 아니어

보고 싶으세요?
보고 싶기는 머…

보고 싶은가
눈물이 났는데?

눈물은 하도
웃기니까 난 거지

여인은 이유를 까맣게 모르고
한평생 살았다는 풍문을 들었다

바란 대로 잘 살아 주었는지
건너온 세월은 말이 없고

눈웃음 파도 사이 젖어오는
짠 내 나는 바다 조각들

팔순 광목 수건이
점점이 찍어 담는다.

중매쟁이

세상에 멋진 사람 많고
세상에 예쁜 사람 많다

이 사람 만난 그 사람은
아내라는 불쌍한 이름

그 사람 만난 이 사람은
남편이라는 불쌍한 이름

머그잔 사이에 두고
서로를 눈동자에 담는
애틋한 두 사람

늙어가는 서로가
안쓰러워서

행여 마음 다칠까 봐
가만가만 두 손 맞잡아

그렁그렁 웃는다

애처로움 주고받는
식탁은 중매쟁이다.

고독 孤獨

무슨 말을 빌려서
이놈을
너에게 소개할 수 있을까

슬프진 않아
우울한 것도 아니고
폼 잡는 건 더더욱 아니야

시작도 끝도 없는 생각들이
북적거려도 복잡하지는 않아
금방 잊어버리는 것들이니까

그냥 혼자인 체로
시간이 지나가는 모퉁이쯤
너 있을 곳을 찾아서 두리번거려

이렇게만 말해도 너는 알 거라고
언젠가 내게 말했었지

그때 너처럼
지금은 내가 그래

삶

사는 게
어찌 즐겁기만 하겠는가?
어찌 슬프기만 하겠는가?

서로가
얽이어 부대끼면 지치고
혼자서 뒤척이면 외롭다

어쩌다
네가 떠나가서 허전하고
내가 벗어나니 막막하다

바람이
전해주는 덧없는 그리움
옛날에 좋아했던 마음들

살면서
기뻐지면 보고파 울겠지
슬퍼지면 그리워 울겠지

좋은 사람으로 남기

젊은이나 늙은이나
홀로 되어가는 세상에 살면서

좋은 것 먹고
좋은 것 입고 좋은 일 하고

좋은 말 하기는
그런대로 할 수 있는데

좋은 사람 만나기는
하늘의 별 따기 만큼이나 어렵다

이보다 더 어려운 것은
좋은 사람 되어주기

또, 서로에게
좋은 사람으로 남는 것이다

세뇌

백 살까지 살기를 꿈꾸거든
먼저 세뇌시켜라

절반도 남지 않았으니 어서
백 살까지 사는 시동을 걸어야 해

찌든 생각과 고정관념 씻어내고
새로운 것들로 채워라

백 살까지 사는 것을
뇌가 당연한 것으로 받아들이면

신체 각 부분에 지시해서
백 살까지 살도록 준비시킨다.

가만히 있으면 가만히 죽어가니까
머리를 써서 준비하게 해라

백 살까지 살아야 할 이유 없어도
은근슬쩍 친구의 말을 실행하고 있다.

바보

잿빛 유리창 뒤에서
들여다보면
애들은 모르는 줄 알았다

빵집 주인의 쫓는 눈길에
친구 기다려요
그러면 모르는 줄 알았다

옆집 살던 여자애 이혼하고
잘 좀 살지.
걱정스런 내 눈길을 모르는 줄 알았다

너 왜 그런 눈으로 보냐?
그 애가 묻는데
아무 말 못 하고

백발의 여자애들에게
왜 그리 짠한 눈길이었냐?
묻지 못하고

동창회 헤어지며

찐빵 먹으러 갈래?

바보…

그저 웃는 파란 하늘에

둥실 뜬 뭉게구름은

아무런 말도 하지 않았다.

인생은 대하소설

인생은 작자와 주인공이 같은 장편소설
천의 얼굴로 얽히는 거대한 대하소설.

주인공은 그 자신이 작자이면서도
이 소설의 주제도 전개될 방향도 모르고

살아지는 대로 쓰고 쓰이는 대로 살아서
어떻게 갈무리되는지도 모른다.

누구도 소설을 완성하거나 퇴고하지 못하고
작자이고 주인공이지만 결론을 알지 못한다.

우리는 인생이라는 백지에 장편소설을
차곡차곡 채우며 살아가고 있다.

커피

너는 전생에
많은 죄를 지은 것이 분명하다

그렇지 않고서야
어떻게 이렇게 이 사람 저 사람에게

기쁨을 주는
삶을 살아야 한다는 말이냐

온 몸을 통째로 볶이고 짓눌리어 짜낸
고통의 진액으로

만인에게 사랑을 베풀어야 한다면
아마도 보통의 죄는 아니었을 것이다

짐작하건데
아무래도 너는

저세상의 모든 여인을 울렸던
입술이 달콤한 바람둥이이었으리라

울 자유

울고 싶을 때
눈물 흘릴 수 있는
자유만큼은 내게 주어지기를

운다고 다 눈물이
나는 건 아니더군

눈물이 난다고
다 우는 것도 아니고

눈물 흘리며 소리 내어
펑펑 울어 본 날이 있었지

엄마 가시는데 아무것도
할 수 없었던 그날이었어.

출구를 찾아서

답답하고 두려워서 점점 숨이 막혀오고
이제는 버틸 수 없는데 나가지 못한다
들어왔으니 나가는 곳도 있어야 해
만지고 두드리고 찔러 보아도 없다

길을 잃어버렸다
그는 졸혼卒婚을 선언하고 집을 나왔는데
돌아가는 길을 잃어버렸다고 한다

등산하러 올라간 산에는
나무만 있고 숲은 보이지 않고
입구 안내판의 여러 갈래 등산로는 낭떠러지
히말라야 등반 전에 설악산에 오르려는데
꼭대기 산신령은 저기 빙판 절벽을 가리킨다.

제2부

은어야 바다로 가자

산 아래 저 멀리 휘황한 도회의 불빛들이
귀부인 목걸이처럼 외려 외롭게 반짝이는 새벽
간밤에 한 줄기 소나기처럼 문득 꿈을 꾸었다.

해질녘 고읍천 맑은 물 따라 내려오는
은어들이 얕은 물 조약돌에 몸 부비고
파닥거려 빚어내는 물비늘이 장관이었다.

득량만得粮灣* 바다와 고읍천*을 오가는 우리 동네
은어는 여냇가 다리 밑 깊은 물에 산란하고
태어난 아이들 새로운 세상 찾아 바다로 가면
홀연히 물 위에 누워 숭고한 잠을 잔다.

지평선에 둥근 불덩이가 불끈 솟아오르고 있다
이 새벽 나가서 누구에게 뭐라고 말을 붙일까

은어야 구지소沼* 돌파해서 바다로 가자.

*득량만 : 전남 고흥군·보성군·장흥군으로 둘러싸여 있는
 보성만의 후미 부분. 식량으로 쓰이는 김, 미역, 매생이 등을
 풍부하게 얻는다.
*고읍천 : 장흥군 관산읍에서 시작하여 득량만으로 합류하는 하천.
 고읍은 고려시대 장흥부의 읍.
*구지소 : 물속에 질긴 수초가 많아서 멱 감다가 발에 수초가
 감기면 나오지 못하는 궂은 못.

길

서울 한강 남쪽 청계산과 관악산
청계산 정상 해발 620미터
관악산 정상 해발 629미터 거의 같다.

산줄기 서로 연결되고
오르는 길이 돌보다 흙이 더 많은 것과
흙보다 돌이 더 많은 것이 다르다.

돌길 따라 관악산 정상에 올라온 이나
흙길 따라 청계산 정상에 올라온 이나
내려다보이는 풍경은 그게 그거다.

돌길 따라 오르는 사람도 힘들었고
흙길 따라 오르는 사람도 힘들었고
힘들게 이겨낸 스스로 자랑스럽다

들어선 그 길로 곧장 정상으로 올라도
힘들어서 다른 길 찾으러 돌아가도
자신의 선택과 결정이 치러낸 역정歷程

내길 네길, 흙길 돌길
저쪽 길이 편해 보여도 힘들기는 마찬가지
인생길과 산길은 닮은 길이다.

갈대

갈대는 바람이 불어서 흔들린 것이지
제 마음대로 흔들린 것이 아니다.

흔들리지 않으면 부러지고 부러짐은 곧
생명을 잃는 것이다

흔들림은 바람이 지나가면 멈추고
갈대는 돌아가 하늘 보며 손짓할 수 있다.

부러져 생명이 끝나면 바람이 지나가도
다시 일어나 제자리로 돌아갈 수 없다

존재에서 생명보다 더 소중한 것은 없다
생명 없이는 존재가 불가능하다

밟히는 잡초에게는 끈질긴 생명력이라 하고
흔들리는 갈대에게는 지조가 없다 하느냐
갈대만큼 만이라도 지조와 절개가 있어 보아라.

놀 다섯 마당

석양이 씻으러
호수로 온다기에

마중 나간 나룻배
턱 괴고 기댄 뱃전에

붉은 망토 해님이 펼치는
저녁노을 다섯 마당

허공에서 한마당
물속에서 한마당

동공에도 한마당씩
맘속에도 또 한마당

황홀로 바라보는 님
얼굴도 부끄러운 노을

붙잡고 싶은 마음
호수로 뛰어들고

정적靜寂의 나룻배
침묵으로 갈채할 때

멀찌감치 희미한 초승달
개구지게 웃는다.

산들바람

정 남쪽에
하늘을 머리에 이고 있는 자애로운
산이 있고

산 아래에
가지런한 논밭이 태평스러운
들이 있고

들 지나면
자그마한 섬들이 한가로이 떠 있는
바다가 있다

그 가운데
산 들 바다와 어울려 살아가는 순박한
사람이 있느니

다 모여서
수수만년 흘린 땀내, 향기로 품고 있는
산들바람이어라

구름 엄마

젊어서 엄마는
바르게 키우려는
꾸지람으로 먹구름
잔소리로 소나기구름
그러다 솜사탕 뭉게구름

늘그막 어머니는
괜찮다 어서가거라
뒤춤보이는 새털구름
이름 잃어버린 뜬구름
눈물로 흩어지는 비구름

바람결에 모이고 흩어지고
번쩍번쩍 사고치고 울어대도
오냐오냐 다독이며 품어 주시는
몽실몽실 젖가슴 푸는 구름 엄마

독도는 대한민국 땅

독도는 우리 땅이라고 말하면 안 된다
잘못된 가사의 노래를 부르는 사람마다
독도는 우리 땅이라고 한다.

대한민국은 학생도 의원도 대통령도
나서는 이마다
그저 독도는 우리 땅이라고 하고

일본은 나서는 자(者)마다
독도는 일본 땅이라고 말하여
먼 후손에게 이르고 있다

수천 년 후에도 대한민국 땅이려면
"독도는 대한민국 땅이다"
이렇게 말하고
그 말을 기록하자

말하면 역사가 된다.
누구나 독도는 대한민국 땅이라고 말하자
말이 기록되면 후손에게는 역사가 된다.

바람 언덕

아이들은
일 등 하려고
이리저리 몰리고

젊은이들은
살아가려고
이리저리 뛰는데

늙은이들은
오래 살려고
걷고 뛰고 난리다

바람의 언덕
마루턱에 올라서서
돌아보는 세상이 우습다.

날지 않는 새

황조롱이 새끼가 베란다에서 뛰어내려
앞산으로 날아갔다

건넌방에 둥지를 튼
마흔 넘은 텃새는 날지 않는다.

날다가 떨어지더라도
한 번쯤 창틀에 올라가 봐야지

왜 날아갈 생각조차 하지 않느냐고
닦달해도 요지부동이다

모르겠다

깜깜한 밤하늘에 체념 섞인
푸념을 하는데 얼핏 스치는 생각

아니다.

혹시
날아가지 않는 게 아니라

일부러 날지 않는 건가?

부모가 늙었으니 쓸쓸할까 봐
같이 살아 준다?

이런. 누가 누굴 걱정하는 거야?
애잔하던 마음이 새됐다.

리라와디의 유혹

여행길에 주어 와 화분에 심은 지
두 해 만에 잎 돋아 꽃 피웠다

삶에 대한 끈질긴 용기에 감동하고
꽃술 향기에 한동안 넋을 잃었다

꽃을 다시 보려고 정성을 다하건만
여태 이파리만 무성하다

그 해 꽃은
다시 보려거든 잘 살피라는 유혹이었더냐

아주 영리한 꾀보로구나
내 어찌 너의 슬픔을 모르겠느냐

그 몸짓이 비록 유혹이었다 할지라도
또다시 버림받지 않으려는 몸부림일 터

너의 아득한 향이 그립다
부디 나와 같이 오래오래 살자꾸나

하늘이 파랗다

처서 지나더니 매미 울음소리 들리지 않는다
모두가 뜻을 이룬 것은 아닐 터인데
절기가 입을 막았는지 울음소리가 딱 끊어졌다

소임을 다한 수컷은 바로 죽고
아이를 가진 암컷은 출산을 하고 죽는다는데
미루고 간보다 혼기를 놓쳤거나 늦둥이로 나와서
구슬프게 울어대던 매미들은 다 어디로 갔는가?
죽어서 하늘로 갔다

사명을 다하지 못한 것만도 서러운데
비가 와서 울지 못하고
처서 지났다고 울지 못하게 입이 막히니
파랗게 질려서 승천하고 말았다
처서도 지나고 비도 그친

하늘이 파랗다

별

해 뜨면
밝음으로 보이지 않아도
하늘에 별이 있음은 분명하다

해지고
세상이 어둠으로 가득할 때
별에 빛이 있어 별임을 안다

뭇별은
밤하늘에 있고
내 별은 가슴에 있다

수많은
별들이 여기저기서
반짝거린다

스스로
별이 되려거든
발광해야 하거늘

아서라
가슴속 별 하나 꺼내어
님께는 살짝 보이려무나

칼춤

고속도로 휴게소에서
등산용 만능 칼을 샀다

늘어진 나뭇가지를 자르고
길목마다 잡초들을 쳐낸다
꽃나무에 가시덤불 자르고

한물간 산천초목 잘라내고
튀어나온 마음을 자르고
장난친 손모가지를 자른다.

산마루턱 안개가 잘리고
구름다리 밧줄이 잘리고
연리지 밑동이 통째 잘린다.

산 아래 뒹구는 모가지들
깨어진 쪽박에 주워 담고
칼날을 맞잡아 숲으로 가라

춤추는 조자룡 헌 칼질에
스멀스멀 차오르는
허탈과 분노를 기억하라.

지렁이

새로 만들어진 공원 산책로를
수없이 드나드는 생각을 붙들고 함께 걸었다

택지개발로 변해가는 주변 모습에서
어느 날 아침의 지렁이가 꿈틀거린다.

지렁이가 꿈틀거리는 본능으로 느끼는
바람결 흙냄새 사람냄새가 예전과 다르다

그가 알던 농부들은 삽자루 호밋자루 대신
골프채 들고 풀 베러 갔다

이곳에 아침 일찍 오가는 이들은
건강하게 살려는 비슷한 처지의 사람들이다

걷다가 꼬부랑 지렁이 앞에서 걸음을 멈추고
기다린 것은 까닭 모를 동병상련이었다

집으로 돌아가는 길
신호등 없는 건널목에 오래도록 서 있었다.

왜倭

독도는
대한민국 땅이라고
왜 말하지 않았느냐

위안부와 강제징용은
위법이므로 수사대상이라고
왜 말하지 않았느냐

한일합병조약은
국제법상 원천무효라고
왜 말하지 않았느냐

한일청구권협정은
개인과는 관계없다고
왜 말하지 않았느냐

오므라이스는 적다
막걸리로 건배하자고
왜 말하지 않았느냐

사과를 먹고 싶은 것이 아니라
사과를 받고 싶은 것이라고
왜 말하지 않았느냐

사자바위

동강 잘린 거대한 바위가
능선의 끝인 산이 있다

틈새마다 나무들이 자라는
수직으로 깎아지른 바위 절벽

이 동네 사람들은
사자바위라고 부른다

능선을 마음과 눈에서 지우고
먼눈으로 바위만 바라본다

긴 시간이 지나 지루한 순간
절벽 면에 사자 얼굴이 보인다.

바위 위에 앉아
검푸른 턱수염 갈기를 늘어뜨리고

근업하게 먼 곳을 응시하는
고독한 사자가 거기 있다.

창가에서

창은 왜 있는지 몰라
보여주지도 않을 거면서

길은 또 왜 있다니?
갈 수도 올 수도 없는데

꿈은 또 어떤데?
꾸어지지도 않고
선잠만 자는데

바람이라도 있으니
세월이 가지
그 가는 것을 보고

행복을 바라는
창가에서
길을 찾는 꿈을 꾼다.

분리수거

분리수거 하는 날이면
쓰임이 다하여 버리는 것들을
정해진 통과 마대자루에 나누어 담는다

훗날 나 죽으면
분리된 육신은 도자기에 담길 터인데
수거된 내 영혼은 어디에 담기려는지
저기 하늘동네 경비원에게 물어나 봐야겠다.

삐비삐비 느릿한 경적이 멀어진다
구청 청소차가 또 쓰레기 치우러 가나 보다

벼 대신 빌딩이 자란다

서울 마곡동은 논농사 짓던 너른 들이었다
전직 농부는 한강으로 넘어가는 육교에서
내 논자리가 어디쯤인지 가늠해 보고 있다.

수명산 우장산 개화산 아래 너른 들판
벼가 무럭무럭 자라나던 땅 위에는
아파트와 빌딩들이 우뚝우뚝 자라나고

농부가 쌀 팔아 돈 사던 논바닥에는
재벌기업 엘지와 계열사들 줄줄이 들어서
벼 대신 동네 위상을 키우고 있다.

실내 식물원 건물이 우람하게 들어서고
인공으로 만들어진 호수와 수변시설에서
갖가지 나무와 꽃들이 철 따라 피고 지고

농부는 논배미에 심어진 가정과 기업들이
땀 흘려 일해서 대대로 번성하기를 바라며
날마다 서울식물원에 나와 한 걸음 한 걸음
발걸음 세어가며 호수 주변을 돌고 또 돈다.

소나무꽃

소나무꽃은 고개를 숙이지 않습니다.
오로지 하늘로만 우뚝 뻗치는 자존감으로
창공의 드높은 지조와 절개를 탐합니다.

하늘은 독야청청 소나무의 큰 뜻을 알아
중매꾼에게 줄 꿀이 없어도 번식시킵니다.

도우미도 주례도 없는 송화松花예식장에서
하늘이 맑은 날 바람에게 혼례를 맡기고
바람은 사랑의 요정을 보내 신방을 차립니다.

솔방울 겹마다 날개옷 입은 날씬한 올챙이들
바람이 날갯깃 붙잡고 산기슭 너머 골짜기로
해변 모래밭으로 산꼭대기 바위틈으로 갑니다.

한 알의 씨앗이
산천초목 아우르는 낙락장송 될 터이니
늘 푸른 소나무의 지조와 절개를 그립니다.

제3부

친구야

논두렁 고추잠자리 쫓다 지치면
냇가 모래로 두꺼비집 짓던 친구야

후줄근한 옷차림 구부정한 몸짓으로
하얀 머리카락 몇 올이 바람에 날리고
지팡이 붙들고 짜박짜박 걸어 와
내밀어 붙잡는 손이 힘없이 떨려도

그렁한 눈으로 애써 허리 펴 웃으며
뭉게구름 너머로 우리들 만나러 가자

누나

살림 밑천으로 태어난 탓으로
슬프고 억울해도 울지 못했다.
울 줄을 몰랐던 것이 아니라
울면 안 되는 것을 알았던 것이다.

어린 나이에 친구들 다니는 학교에서
공부 대신 돈을 벌어야 했고
서울 친척집에서 눈칫밥 먹어가며
돈을 벌어야 했다.

"숙자야. 나 좀 살려 주라."
간절한 눈빛으로 바라보시는 아버지를
살려드릴 수 없어서 그때는 울었다.

고단한 세월 속에서 차마 울 수도 없었던
문학소녀는 비로소 울 수 있었다.
동생인 나는 그 눈물의 의미를 알고 있다.

누나….

김장김치 올라온 날

김장김치 택배 박스를 끙끙거리며
끌어오는 아내의 웃음이 헤프다

속살 한 닢 뜯어내 가만히 맛보고
돼지고기 삶고 햇밥을 짓는다.

퇴근한 아들은 밥 위에 수육 얹어
김장김치로 감싸서 입 한가득 넣는다.

막걸리 잔 너머로 보이는 아내는
눈동자 굴려 꿀방울 뚝뚝 떨군다.

나를 바라보시던 울 엄마 눈길도
저랬었는데….

은행 모정

아이가 떨어져 뒹굴다
밟히고 으깨어져 널부러지고

바닥에 누워서 보는
하늘이 노랗고 엄마 얼굴도 노랗다

아이가 자려는지 하품하고
어미는 화들짝 바람 불러와 팔 흔들어

수북한 이파리로 아이의 상처를 가리고
지독하게 풍기던 구린내를 덮어낸다.

건너편 아비는 무작정 뒹구는 이파리나
하나둘 떨구며 멀뚱대고

어미는 헐벗은 가지아래 아이를 보고
또, 먼 하늘의 바람을 쫓는다.

아이는 수북이 떨어진 어미옷 덮고
엄마가 되는 찬란한 꿈을 꾸고

윗동네 꼬부랑 노파가 은행알 주워다
병든 아들 살린 소문이 동네에 파다하다.

벌초

거울 앞에 앉아서 면도를 한다.

광대뼈 두 봉을 거쳐 인중을 지나 턱을
치켜들고 낭떠러지 아래를 들여다보다가
만나는 15년 전 추석날의 삼순이 아버지

왔는가?
우리 집은 아무도 안 와서 이러고 있네…
세상에 내 메똥* 내가 벌초해야 되겠는가?

부인 묘와 나란한 본인 가묘 앞에 쭈그려 앉아
식구들 데리고 살던 동네를 우두커니 보다가
삼순이하고 영재가 좋아라할 때 혼인시킬 걸
그랬다며 생담배 태우던 모습이 어제일 같다

삼순이 아버지가 돌아가시자 그 산소 잡초는
청년회 애초기가 올 때까지 손들고 벌서더니
벌초가 필요 없는 화강석 납골묘로 바뀌었다

이번 명절에도 찾아온 사람은 아무도 없었고
얼핏 삼순이도 많이 아프다는 소식을 들었다.

*메똥 : 묘지의 방언

대물림

아이의 삶이 고단함을 알면서도
무엇하나 어찌 해 주지 못하고
내 아버지 가슴을 들여다본다.

자신의 손발과 두어 뼘 등짝이 아니면
무엇하나 어찌할 수 없는 형편으로
삶에 치어서 새까맣게 타버린 아버지
가슴으로 남겨주신 유산이 시리다.

미안하다…

먼 길 뒤에서
아버지 유산을 가만히 들추어 보다가

아들아 좁은 길 넓은 길 가리지 말고
네 마음껏 굴러봐라 네 인생이다
네 뒤엔 내가 있잖니

이런 말을 그때 좀 해 줄 걸
때라는 것이 지나가면 그만인 거라서
이제는 아무런 소용이 없다

애야 미안하구나…
너는 이런 유산을 남기지 말거라.

식탁

요란한 술잔, 튕겨져 나온 가식과 거짓의 침방울
향기로운 커피, 철없는 과일들로 잔치가 끝나고
진수성찬이 넘실대던 너른 광장이 텅 비었다.

의자들은 흩어지고 삐딱하게 돌아앉아서 두런두런
몰래 뀐 방귀에 질식하고, 들여다보이던 아랫도리
얘기들로 자리에 앉았던 손님을 털어낸다

다리 밑으로 흘린 밥풀때기 김치 쪼가리 멸치 대가리
사과껍질 부스러기들은 빗자루에 쓸려 나갈까 봐
가슴을 졸이고 온몸이 바짝바짝 마른다.

식탁 위에는 그 밥에 그 나물이 또다시 차려지고
의자들은 다소곳이 돌아앉아 새로운 손님을 맞는데
식탁 아래 말라붙은 부스러기들은 그대로 있다.

두껍아, 두껍아

막내동생이 바람에 몹시 흔들리고 있다.

어머니 그렇게 많이 눈 껌벅이던 날
엄마 나이보다 오래 산다며 안심시키고

선산 이장하던 날, 큰 병 물려준
아빠 고마워 이마에 입 맞추더니

공기 좋은 모래밭에 홀로 앉아
다 허물어져 가는 헌집 부여안고
손등에 모래 얹어 하염없이 토닥인다.

두껍아, 두껍아 헌집 줄게 새집 다오.

아버지 물려주신 집 팔고 논 팔아
집 구해 볼 테니 조금 더 기다려다오.

인디언 인형처럼

아이들 갈수록
지들 마음대로 하고

아내는 언제나
당신 마음대로 하고

시는 쓸수록
뭔가 알쏭달쏭 하고

세상사 마음대로
되는 것 하나도 없어

살 이유를 찾아서
지내는 기우제

인디언 인형처럼.

로시난테

관운장 만났더라면
청룡도 치켜들어 광야를 달리며
말갈기 휘날리는 백마일 텐데

어쩌다 나를 만나
동네 한 바퀴로 끝나는
조랑말 신세가 되었구나.

조랑말이라도 타 보려고
애쓰는 돈키호테는
늙고 서툴어도 여전히 씩씩하다

행여 적토마라고 치켜 세우거든
고개저어 푸르르 입방정 털지 말고
로시난테로 우아하게 걷자꾸나.

나무늘보

아버지께서 일찍이 말씀하셨다
농삿일은 부지런하지 않으면 안 된다
게으르면 때를 놓치고 농사를 망친다.

세상에서 제일 게으른 것이 눈이더라.
끝을 쳐다보면 일하기 싫어지니까
바로 눈앞에 있는 것만 보고 시작해라
시작만 하면 금방 끝나더라.

알부자 자산가 동네 형이 말했다
저녁밥 먹으면 산책하러 나가야 하는데
가장 먼 곳이 현관 신발장이더라.

현관에서 신발만 신으면 돈벌이도 나가고
산책도 나가고 뭐든 할 수 있는데 너무 멀어

창밖에 하늘하늘 내려와 차곡차곡 쌓이는
눈을 무심히 바라보다가
눈 내리깔고 신발 신고서 눈 치우러 나간다.

눈은 나무늘보다.

헌팅캡

늙수그레한 사람들은 대체로
두툼한 외투에 헌팅캡을 쓴다.

몸도 마음도 추우니까 보온하려고 외투를 입고
머리가 시리면 뇌졸중 찾아올까봐 모자를 쓴다

머리를 보호하려는 것이야 시비할 수 없지만
내 심사를 거슬리게 하는 것은
왜 헌팅캡이어야 하는가이다.

털모자 야구모자 중절모 등 많고 많은데
헌팅캡을 즐기는 이유가 혹시 헌팅이라는
수식어 때문이 아닐까 하는 것이 내 노파심이다

마음은 헌팅, 현실은 헛 팅이 아닐는지.

쌀을 씻으며

아침밥을 지으려고 쌀을 씻으며
아내가 설거지할 때 신는 지압 신발을 신어봅니다.
고작 5센티미터쯤 되는 높이인데
설거지통에 수북한 그릇들 모습이 달라 보입니다.

겨울이면 엄마는 부엌에서 쌀을 씻으며 늘
"스~스" 하고 노래했습니다.
꼬맹이 여동생이 자라서 쌀을 씻으며 엄마처럼
"스~스" 노래해서 따라쟁이라고 웃었었습니다.

살림 부조를 할 나이가 되어 내가 쌀을 씻는데
"스~스" 노래가 저절로 나왔습니다.
쌀 씻는 추임새가 아니라
손이 베일 듯 차가워서 나오는 소리이었습니다.

차가운 물은 고작 5센티미터 높은 하늘에서
엄마가 쌀 씻던 노랫소리를 들려주었습니다.

종점행

밥을 먹고 살다가
약도 먹고

팩을 붙여 놀다가
파스도 붙이고

발로 걸어 다니다
지팡이도 걷고

약들이 링거로
파스가 철심으로
지팡이가 휠체어로

자식들은 일터로 나갔고
마누라는 정신이 나갔고
구급차가 급하게 나간다.

안부

몇 안 남은 친구 중에
그래도 좀 더 좋은 친구가 있습니다.

그 친구에게 모처럼 전화를 걸었습니다.
너무 오랜만에 하는 내 전화에 당황했나 봅니다.

친구가 미안해합니다.
네가 나를 생각하는 만큼 너를 생각하지 못했어.
미안해

아니야. 내가 너를 한 번 더 생각하면 돼
그러니까 미안해하지 마

훌쩍이는 콧소리는 누구의 것인지 모릅니다.

제4부

그래서 행복하십니까?

억하심정님
그래서 지금 행복하십니까.
인간에게 충성하지 않으신다니
충성을 다 바치는 집사람은
인간이 아닌 거지요?

들이댈 윗자리 없어진 안하무인
국민은 사람이라서 역시 충성이 없는데
끝내는 엉길 거지요?

억지춘향님
그래서 지금 행복하십니까.
사람들이 목숨 끊고 꼬리 끊어도
전혀 고맙지도 미안하지도 않고
그 정도는 당연한 거지요?

조여 오는 앞길이 훤히 보이건만
개 등에 업힌 비전 없는 베짱이
개미가 이기는 건 뻔한 거지요?

먼산바라기님

그래서 지금 행복하십니까.

붉은 장미가 싫어

파란 장미도 싫어

첩첩산중에 들어선 거지요?

구름에 한숨만 싣다가

나라가 동강나고 쪽박을 차도

나만 아니면 되는 거지요?

억하심정님

억지춘향님

먼산바라기님

그래서 지금 우리 모두가 행복한 거지요?

사랑은

사랑은
주어야 하는가?
받아야 하는가?

주는 사랑
가진 사랑 넘쳐서
주는 것 아닐 테고

받는 사랑
가진 사랑 모자라서
받는 것 아닐 거다

주거나 받거나
사랑하니까
주느니 받느니 하지

사랑은 하는 것
그냥
사랑하면 되는 것

연가 戀歌

당신을 사랑하는 나의
마음은 하나지만
모습은 계절을 따라가며 변합니다.

햇살이 따사로운 봄날에는
나비가 되어 꽃밭에서
당신을 기다리는 노랑 날개입니다.

태양이 작열하는 여름에는
빗방울 되어 들판에 선
당신의 뺨에서 춤추는 노래입니다.

낙엽이 구르는 가을이면
시인이 되어 풀벌레 우는 밤
당신의 가슴을 적시는 기쁨입니다.

나목이 아름다운 겨울에는
난로가 되어 먼 길 걸어오신
당신의 몸을 녹이는 모닥불입니다.

사랑의 모습은 계절을 따라 바뀌어도
언제나 당신 곁을 지키는 나는
단 하나의 이름입니다.

일단, 한 번 만나

만날 때마다
내가 십만 원 밥을 살게

백 번 만나면 천만 원이네?
(제법 큰돈이군 그래)

현찰 목돈은 못 주지만
(없기도 하고)

카드로 밥 사는 건 너끈한데
(어쩌다 한 번 쓰는 거니까)

만나는 것이 말처럼
그렇게 쉽지가 않잖은가

우리 이러다가
백 번 볼 수나 있을까 몰라

일단, 한 번 만나

고해 告解

미워하는 사람이 있었지만
지금은 미워하지 않아요
그렇다고 고와진 것은 아니고요
다만 미워하는 마음을 버렸을 뿐입니다

싫어하는 사람이 있었지만
지금은 싫어하지 않아요
그렇다고 좋아진 것은 아니고요
다만 싫어하는 마음을 버렸을 뿐입니다

미안하다 말해야 했었지만
이제는 그러지도 못해요
깨달음을 전하지 못해 아프네요
가끔 부끄러워 하늘을 우러를 뿐입니다

감추어둔 고백도 있지마는
이제는 모두가 부질없어
물결처럼 출렁거리며 살아가요
고마웠던 사람들 보고픔을 견뎌가면서

징검다리

물은 흘러가야 하고
사람은 건너가야 하는 그곳에서
밟고 건너가 주길 기다리고 있다

여인이 발 떼어 얹을 돌덩이들
저 나른 사나이 발목은 분명
달빛 동심에 젖었으리라

세상에 나가는 큰 뜻 세우고
콧노래로 건넜던 장부의 꿈
다 이루었다면 순진한 거짓말

내일로 가는 길목에 남긴 발자국들
맨몸으로 홀로 젖어 건넌 서러움
징검다리 못한 미안함 모두 버리고

마지막 건너갈 사람 기다리는
낡은 사내 가슴속 오래된 여울목
가물거리는 부르고 부르던 이름

동심童心으로 건너가시라고
딛고 갈 조그만 조약돌 하나
여기 쉼표로 놓아둔다.

티브이를 끄고

아침에 일어나면 티브이를 켜고 하루를 시작했던 것은
딱히 보려는 프로그램이 있어서가 아니라
사람 사는 집이라면 누구라도 소리를 내고 뭔가가
눈앞에서 어른거려야 한다는 생각에서 비롯된 것으로
늘 그래 오던 몸에 배어 익숙해진 습관이었다.

오늘은 일어나 거실로 나와 티브이를 켜지 않고
소파 위에 양반다리로 하고 앉아 눈을 감았다
방금 깬 잠을 다시 자려는 것이 아니라
어둠 속 적막을 친구삼아 명상 대화를 하려는 것이다

고독으로 가는 길에는
소리마저 사라진 침묵이 좋다
굳이 눈을 감은 것은
오롯한 고독에 빠져들기 위함이다

너만 있으면 돼

여보세요? 잠깐만요!
엄마~ 숨이 잘 안 쉬어져
잉? 왜? 어디냐?
여기 깜깜해서 어딘지 몰라

전화 바꿔준 놈 다시 바꿔 봐라
네… 전화 바꿨는데 왜요?
야! 이놈아 너 내 아들한테 맞아 죽을래?
에이 씨….

아들은 등 뒤에서 키득거리고 있었다.
조금은 순진했던 초창기 시절에 그랬던
걔들도 지금쯤 자식 낳아서 키우고 있겠지

이제는 말로 하는 것이 귀찮아졌는지
이러저러하니 확인하라는 링크를 걸어서
스스로 코를 꿰라고 코뚜레를 보낸다.

궁금증 유발자를 덜컥 누를까 봐 걱정이다
어떻게 되는지 실험을 한번 해볼까?
시들지 않는 이 궁금증을 어쩌면 좋은가

월급이 쥐꼬리만 한데도 곁에서 놀아 주고
궁금증을 풀어주는 다문박식 손 안의 비서
나는 너만 있으면 충분해. 됐어.

일주일만 더 살아서

당신보다 하루만 더 살겠다던 언약을 바꾸겠소
당신을 끝까지 책임지려면 하루로는 아무것도
할 수 없어서 당신보다 일주일만 더 살겠소

죽음이 우리를 갈라 버린

삼 일째 날에는
하늘로 가는 당신의 넋을 고이 보내드리겠소.

사 일째 날에는
당신이 쓰던 이부자리며 옷들을 분리수거하고
둘이 함께한 추억들을 불태워 당신께 보내겠소.

오 일째 날에는
당신 지인들에게 이름을 지우시라 부탁하고
산으로 올라가 당신 애창곡 부르며
저녁노을 안주 삼아 술을 한 잔 하겠소.

육 일째 날에는
안방에서 당신 이름 부르며 대성통곡하겠소.
울음이 그치면 당신이 가꾸던 꽃밭에 가리다
당신 만나려면 꽃 한 송이는 들어야 하지 않겠소

칠 일째 날에는
더 살아야 할 이유를 찾겠소.

중독

방바닥 틈새로 어느 사이에 스며든 사랑
중독되어 늘그막을 살아간다.

목소리에 웃음소리가 좋아 허우적거리고
삐침과 성냄에 신선한 바깥바람 쏘이고 돌아와

하룻밤 자고나면 다시 중독되는 연민
코고는 소리 방귀소리 잔소리

다독이고 어르는 손짓 발짓
자그만 사랑에 그만 중독되고 말았다

자유는 없다

자유는
저 홀로 자유일 수 없다.

내 자유 때문에 네가 넘어지면
내 자유는 자유가 아니다

자유는 얻지도 주어지지도 않는
거기에 그냥 있는 그거다

마음대로 할 수 있는 것이
자유라고 말하지 말라

마음대로 하는 것이 자유라면
그것은 마음의 자유이지
너의 자유가 아니다

네가 네 맘대로 하는 것을
내가 내 맘대로 못하는데
어떻게 자유일 수 있겠느냐

자유라고 말하지 말라
우리에게 자유는 없다.

벗고 놀자

이~리이~\~ 오너라~
벗! 꼬! ╱~ 놀자~~

이몽룡과 성춘향이 벗어버린 것이 비단
옷 뿐 이었더라면 내 건배 제의에 대해서
그렇게 신나게 호응하지 않았을 것이다.

그들도 벗었는데 우린들 못 벗으랴
두꺼운 갑옷과 외로운 웅변을 벗어놓고
모두가 주거니 받거니 와자지껄 놀았다.

우주를 넘나드는 인간들은
머리는 영악해지고 서로가 멀어지니
어울림이 점점 사라지고 있다.

나만 아니면 되는 콧방귀도 우리 것이고
너만 아니면 되는 어깃장도 우리 것이다
편견과 아집 냉소와 무관심을 벗고 놀자

풀잎은 바람결로 누었다 일어나고
시대는 바다로 가는 강물처럼 흐른다.

그리움의 무게

너 떠나면
나는 울어야 한다.

이별의 무게에서
눈물을 뺀

그리움의 무게는
새털보다 가볍다.

제5부

늙은 시인의 노래

젊어 한때 슬픈 노래를 좋아했다
주르륵 흐르는 눈물과 카타르시스
그들을 좋아 했었다

딱히 슬픈 일이 있어서가 아니라
이름 모를 아픔이 그냥
그런 노래를 좋아하게 했을 것이다

다시 그 노래가 귓가에 맴돈다
일부러 찾아내지 않아도 들리는
슬픔 어린 곡조

눈물과 카타르시스
얽매임이 없어도 괜히 탈출하고픈

내가 아는
삶 자체가 보헤미안인
그가 꿈꾸는 탈출

쇼생크, 일상의 미궁
이카로스가 가려던 곳

거기에서 도달한 여기

추락!

슬픔은 깨어진 항아리에 있었다
늦게 핀 매미가 목 놓아 운다
울게 하소서

시 세계

시는
번개를 잡아가둔
고뇌의 핏덩어리

시인은
시어를 뽑아내는
고독한 연금술사

독자는
시세계 끄트머리
시상의 종결권자

시詩

시는

세상의 모든 것을

말씀 열한 마디에 담는다.

*'詩'는 말씀 言언과 흙 土토 마디 寸촌으로 해자 되고
흙 土는 다시 열 十십과 하나 一일로 해자解字되므로
'詩'는 '말씀 열한 마디'로 풀이된다.

비와 시

시에는 비가 들어 있다

줄기와 단락마다
양식과 생명들이
알알이 숨어 있고

강약과 고저장단
운율과 가락으로
목마름 적셔 준다

비처럼 시가 흩어진다

일

지금 여기에 서서
열 일 하고 있다

너를 보고 꽃과 나무 지나
들여다보는 세상

알게 되면 아는 거고
모르면 모르는 대로 서 있다

그것으로 끝난 것이 아니어서
자꾸 뒤돌아본다.

일상을 즐기던 두 개 중에서
하나는 이제 일이 되었다.

취미일 때는 부족해도 상관없고
실수해도 괜찮았지만

일은 다르다
부족함도 실수도 없어야 한다.

시 쓰기는
시인의 일이다.

여름

계절은 시와 같으니
춘하추동 기승전결
계절의 여름은 시에서는 승이다

여름은 승이니 오르느라 뜨겁다
해변은 열정이 끓어올라 뜨겁고
시인은 시심이 솟아올라 뜨겁다

여름의 끝자락에서 불타오르는
이 뜨거움을 가을로 전하여
열매가 알차게 여물게 하리라

해 보기

무엇 하나 마음대로
할 수 없는 시절

해보고 싶은데 할 수 없는
이유만 가득할 때

해봤어?
할 이유를 던져준 것처럼

하나를 해 보고 있다
시를 쓴다.

숨바꼭질

시집을 펴들고
찬찬히 읽어 보면

우리는 술래

안 보이게 꽁꽁 숨어서
날 잡아 보라는 젊은이

머리만 넣고 소리 높여
날 잡아 가라는 어르신

우리는 술래

힘 빼기

시 쓰기도 골프처럼
힘 빼기가 필요하다

힘 빼고 치는 스윙이
거뜬히 파에 이르고

힘 빼고 고른 낱말이
만인의 시에 이른다

힘은 욕심이 밥이고
욕심은 고파진 배다

골퍼는 힘 빼고 치고
시인은 힘 빼고 쓰고

새 풀 옷 갈아입고

봄바람에 솟아나는
새싹을 보고

파도에 부서지는
포말을 보고

익어서 고개 숙이는
열매를 보고

기쁨을 거두는 사람들
손에서

바람이 실어가는 구름에서
서산을 넘는 석양의 노을에서

시상을 붙들고 쓸 말 찾아
시간가는 줄 모르고 젖는 행복

그것은 숨을 쉬는 것이고
따뜻한 가슴으로 살아야 할
이유이기도 하다.

말 잡기

세상에 좋은 말들은
내로라 하는 시인들이 끌어다
써버려서 남은 말이 없다고?

몰라서 하는 말이다
같은 말도 쓸 때마다
소리가, 맛이 다르다.

달리는 길이 다르고
채질하는 마부가 다르니
말울음 소리도 다르다.

날마다 먹는 밥과 김치가
오늘 또 먹는다고 맛이 없던가?
먹고 또 먹어도
질리지 않는 게 밥이고 김치다.

배고프면 다 맛있다
나는 오늘도 배가 고파서
말 잡으러 나선다.

꿈꾸기

바다를 건너와 큰 집에 드러누웠습니다.
혼자 놀다가 땔나무 더미에 불을 붙였습니다.
논에서 일하던 엄마가 달려와서 불을 끄고
머리통 한번 쥐어박고서 또 논으로 갔습니다.
바지에 오줌을 쌌습니다.

엄마 따라서 구구단 외우다 잠들었습니다.
낮에는 단어외우고 밤에는 어떤 애 꿈꾸는
선잠에서 꿈을 꾸었습니다.

나선 길이 어디가 어딘지 알 수가 없었습니다.
틈바구니 비집는 악산돌기에 지쳤습니다.
걸음을 멈추고 쏟아지는 잠에 빠져듭니다.

고단한 잠에는 꿈이 찾아오지 않아서
잠에서 깨어나 꿈을 꾸고 있는데
꿈은 이루어진다니까 꿈꾸기가 두렵습니다.

꿈이 있어야 하니까
아프지 않고 안 죽는 꿈을 남겨두었거든요.

시가 되어

중3 때였을 거야
넌, 인생이 뭐라고 생각해?
죽을 때 숨이 넘어가기 직전에라도
그걸 알고 죽으면 다행 아닐까?

희노애락으로 살다가 문득 헤아리니
벌써 환갑이 훌쩍 지났더군
노을이 붉게 짙던 날 바닷가에서
집으로 날아가는 새들을 보았어

집으로 갈 때
빈손으로 갈 수는 없잖아
뭐 하나라도 들고 가야지

그래서 시가 되기로 했어
그냥 두고 가도 좋고
혼에 담아 가도 좋을

솜사탕 구름이 바람에 실어가다
어딘가 있을 당신에게도 닿기를

코다와 시인과 등대

코다*는
가족과 세상의 말을 풀어내
소통시키는 통역사

시인은
세상에 숨은 말들을 찾아내고
소통시키는 탐정가

등대는
바다를 항해하는 배에게 빛으로
먼 길 오가는 철새들에게 쉼터로
소통하는 길라잡이

코다는 시인이고
시인은 등대고
등대는 코다이고

소리와 말이 없는 세계에서 이들이
서로 돕고 나누고 베푸는 것은 사랑.

*코다 : 청각장애인 부모에게서 태어난 장애가 없는 자식(영화 제목).

염원

심중에 꽈리를
틀고 앉은 한 가지
인구에 회자 될
시 한 수 남기고 죽어야지

죽음은 누구나 찾아가는데
아무리 기다려도
그님은 여태껏 기별이 없다

시인이여,
시 쓰는 이여,
서러워 마시라
다음 생 살러 올
이유를 남겼음이니

공감의 늪

시집을 펴들고 시인이 하는 말을 듣습니다.
시인의 말과 마주할 때는 언제나 다소곳이
머리를 수그립니다.

누구의 가슴을 빌리고 무슨 옷을 입었어도
나에게 오신 고귀한 손님이고, 시인의 말이
내가 하려던 말일 때가 많기 때문입니다.

어쩌면 시인과 나는 서로의 말을 불쑥 훔치는
말 도둑들이었는지 모릅니다.

슬며시 눈을 감습니다.
공감의 늪에서 한마디 말에 숨을 쉬고
행간에서 길어낸 감탄으로 위로를 받습니다.

공감은
서로를 훅 끌어당기는 말굽자석이고
첫 키스의 감촉과도 같은 기적입니다.

평설

평범함을 비범함으로 승화시킨 진정성의 미덕과 매력

민윤기 (시인, 문화비평가)

1

　이현희 시집에 수록될 78편의 시를 읽으면서 필자는 시에 대한 견해를 수정하게 되었다. 반평생 시를 써온 필자가 시에 대해 이제까지 가지고 있던 것이 온전히 합리적이지 않다는 사실을 발견한 것이다. 따라서 그 일부는 편견이거나 고정관념이라는 사실을 깨닫게 되었다. 그만큼 이현희 시인의 시는 여러 가지 점에서 긍정적인 방향으로 시를 보도록 필자의 시야를 이끌어 주었다. 이현희의 시는 필자가 수정한 합리적인 관점에 따라 살펴보면 시적 미덕이 충만한 작품으로 다가왔다.
　필자는 지난 십 년 동안 시 잡지를 만들어오면서 참으로 많은 시인들의 작품을 만났다. 잡지에 수록하기 위해서 청탁을 한 시인들의 작품은 물론 신인상에 응모한 신인들의 응모작, 출간한 시집을 보내온 시인들의 시집에서 만난 작품 등 일 년에 1천 편 이상의 시를 읽고, 검토하고, 선별하는 작업을 해야 했기 때문이다. 이 작업을 진행하는 동안 만났던 작품들은, 고백하자면 작품 내용에 공감하면서 즐겁고 유쾌하고 행복한 느낌을 받았던 작품보다는, 무엇인가 시를 잘못 이해하고 있거나 시의 존재가치를 훼손한 듯한, 시적 영양분이 매우 결핍된 작품들도 적지 않았다. 이는 시는 시를 쓰는 자신보다는 독자에게 읽히기 위해서 써야 한다는 기본 상식에서 크게 이탈한 작품들이 적지 않았다는 말이 된다.

2

이현희의 시는 평범한 듯하지만 품격이 달랐다. 독자에게 많은 지식을 요구하거나 불필요한 모호함을 시적 사유라는 식의 오만함으로 위장하지도 않았다. 오히려 그냥 무심하게 지나치기 쉬운 작품으로 속단할 수 있는 '평범함'이, 시인으로서는 큰 약점이 될 수도 있는 이 '평범함'이 이현희의 시에서는 외려 강점이 되고 있다는 점을 발견한 것이다. 대단히 놀라운 발견이다. '평범함'은 차라리 이현희의 시가 갖고 있는 약점이 아니라 매력이요, 다른 시인들에게서 볼 수 없었던 시적 동력, 즉 시를 운행하는 힘이 되고 있다.

이른바 '현대시작법'을 가르치는 유명 무명 시인 평론가의 숱한 시 창작 이론서들을 보면 거의 모두들 시를 잘 쓰려면 '낯설게 하기'부터 하라고 강조하고 있다. 필자도 이 견해에서 자유롭지는 않다. 이전의 그 많은 시인들이 써오고 써온 '흔한' 소재, 그 흔한 방식은 버려라! 남들과는 다른 시각으로 써라! 하는 말에 동의해왔다. 그래야 새로워지고, 독자의 눈길을 끌 수 있고, 문제작으로 평가받을 수 있다면서 말이다. '낯설게 하기'란, 시인들에게는, 방법은 알면서도 답안지로 작성할 수 없는 어려운 '킬러' 문제나 다름없는 골치 아픈 숙제이다.

요즈음도 시 잡지 편집자로 일하는 필자는 직업 덕분에 만나는 시인들에게서 자주, 솔직한 시적 고민을 들을 기회가 많다. 시가 예술창작이기 이전에 하나의 지식 생산품이라면 그 생산 방식에 변화가 있어야 하지 않느냐는 게 필자가 지키고 있는 소신이기도 하다. 그래서 필자로부터 요즈음 왜 신작이 뜸하냐는 질문을 받는 상당수 시인들에게서 "시의 소재가 바닥이 났다"든가, "무엇을 써야 할지 갈수록 점점 막막해진다", 또는 "어떻게 써야 새로운 방식인지 모르겠다"와 같은 대답이 돌아오곤 했다. 다시 말하면 현재 자기가 쓰고 있는 작품보다 늘 새로운 방향의 작품을 쓰고 싶다는 강박관념으로 쫓기고 있으며 그것이 시를 쓰는 고통이라고 토로하는 것이다. 그러나 이 같은 '새로움'에 대한 고민에 대해, 마치 주치의가 처방전을 내듯이 "이렇게 써 보시라"는 모범답안을 제시하기란 여간 어렵지 않다. 아니 불가능하다.

이현희 시인의 시를 살펴보니, '새로움'에 대한 고민을 역설적으로 '평범함'으로 멋지게 해결하고 있다. '평범함'이 새롭다니? 이 무슨 궤변이란 말인가? 하는 비판도 있을 수 있겠다. 시의 소재에서, 시의 형식에서, 시적 테크닉에서 이현희의 시는 한 마디로 새롭다거나 주목할 만한 표현방식을 시도하지 않는데도 '새로움'에 대한 고민과 압박에서 멋지게 해탈하고 있는 것이다. 대부분 특장점이 없는 시어를 사용하고, 시 한 편을 완성하는 구성도 평범해 보인다. 필자는 이런 '평범함'이 이현희 시인은 가장 적절한 시적 무기로 활용하고 있다고 보았다. '평범함'에서 '비범함'을 실천하고 있는 것이다. 소재도 익숙하다. 제목 역시 재주를 부리지 않은, 다른 시인들의 작품에서 자주 봄직하다. 마치 레토릭이라는 수사법의 정글 속에 숨은 채 시적 난해의 미로를 헤매는, 그래야만 고급하고 새롭다고 착각하게 만드는 시인들이 적지 않은데, 이현희 시인은 주저하거나 망설이지 않고, 비비 꼬이거나 화려한 시적 장치를 사용하지 않고 시를 쓰고 있다. 이런 당당하고 평범한 시적 운행으로 '평범함'을 '비범함'으로 격상시키는 데 성공하고 있는 셈이다.

그러나 이현희의 '평범함'은 그냥 '평범함'으로 끝나지 않는다. 평범하고 익숙한, 그래서 같은 시대, 같은 역사적 체험—예를 들면 산업화 시대의 궁핍하고 힘든 경제적 살림살이와 거친 파도와 같은 역사적 격랑—을 공유한 시에다 '진정성'이라는 시적 상황을 추가하고 있다.

시에 있어서 '진정성'은 바느질 자국이 없는 하느님의 천과 같다고 말할 수 있다. 아무리 시어가 화려하고, 독특하고, 신선하고, 새롭다고 해도 그 속에 진정성이 내재되어 있지 않다면 향기 없는 조화나 조종자의 명령에 따라 움직이는 아바타와 다를 게 없다. 이현희 시가 평범한데도 생명력을 가질 수 있는 이유는 바로 시인의 진정성인 것이다.

3

이현희의 '평범'='비범'을 증험하는 뜻에서 한국 현대시를 대표하는 시인 일곱 분의 '시 쓰기' 코멘트를 인용해보겠다. 필자가 곁에 두고 있는 시 창작에 관한 여러 산문집 중에서, 정진규 시인이 1995년에 책임 편집한 『나의 시, 나의 시쓰기』에서 찾아낸 '금쪽' 같은 코멘트들이다. 이 산문집에서 한국 현대시의 시산맥을 이루고 있는 큰 봉우리 같은 서정주 시인부터 이기철 안도현 이문재 등 현재도 왕성한 시작활동을 펼치고 있는 현역 시인들에 이르기까지, 102명의 시인들이 자신의 시와 시쓰기 방법을 브리핑하고 있다. 이 분들 중에서 김춘수 마종기 조태일 박제천 임영조 이세룡 이기철 등 일곱 분이 시 한 편을 쓰기 위해 시 쓰기 방법을 어떻게 선택하고 있는지 다음과 같이 말하고 있다.

①시는 철학이 아니고, 관념, 즉 의미의 세계가 아니고, 의미로 응고되기 이전의 어떤 실존의 상태가 아닐까

하는 자각이 생기게 되자 나는 릴케류의 존재론적 관념 세계를 멀리하게 되었다. -김춘수

②나는 계속해서 더 쉽고 간단한 시를 쓰고 싶다. 그래서 가끔은 이해하기 어렵고 받아들이기 어려운 세상살이에서 이해하기 쉽고 받아들여지기 쉬운 시- 무공해 공기나 돌멩이같이 예쁘지 않아도 확실한 시를 쓰고 싶다. -마종기

③나는 시를 쓸 때 언어로부터의 해방을 갈구한다. 따라서 나는 어떤 언어에 대해서도 학대하지 않고 편애하지 않는다. 소위 지체 높은 문화어나 부탁한 비속어를 가리지 않는다. -조태일

④한 마음에 열두 가지 생각이라는 말이 있듯이 지옥과 천국이 생각하기 나름에 따라 뒤바뀌고, 물이며 불이며 소리 또한 본래의 물이 나니고 소리가 아니다. -박제천

⑤나의 시는 흔히 사소한 소재, 보편적인 인식에서 출발하였다. 요즈음 내가 사람을 부쩍 그리워하듯, 그 그리운 사람들에게 쉽고도 재미있게 읽혀지기를 염원하며 쓴 편지 같은 시, 또는 시 같은 편지가 나의 시라고 이해하면 좋겠다. -임영조

⑥나는 시인이 쉬운 말을 놔두고 일부러 어려운 말을 만들어 시를 쓰는 데 동의하지 않는다. -이세룡

⑦나는 삶을 거칠게만 노래하지 않는다. 거칠고 욕되어도 그 삶을 껴안지 않으면 원되는 것이 우리의 생업이다. 거치름 뒤에도 따뜻함이 있고 욕된 뒤에도 유순함이

있다. —이기철

여기 인용한 코멘트 중 일부 코멘트는 이현희 시인의 시적 미덕을 설명하는 데 안성맞춤이라고 생각한다. "쉬운 말을 놔두고 일부러 어려운 말을 만들어 시를 쓰는 데 동의하지 않는다"(이세룡)와 "사람을 부쩍 그리워하듯 그 그리운 사람에게 쉽고도 재미있게 읽혀지기를 염원한다"(임영조), "시를 쓸 때 언어로부터 해방을 갈구한다"(조태일), "시는 철학이 아니고, 관념, 즉 의미의 세계가 아니다"(김춘수)…등의 코멘트는 이현희의 시적 특장점을 설명하는 데 좋은 인용구들이다. 따라서 무심하게 읽으면 이현희의 시가 어디서 본 듯한, 누군가의 시에서 읽은 듯한 작품이라는 오해를 받지 않아도 된다는 점을 필자는 일곱 분의 코멘트로 대신한다.

4
이현희 시인은 '월간시인' 2023년 6월호로 등단 절차를 마쳤다. 원래는 필자가 편집인으로 통권 110호까지 만들어 온 '월간시' 제35회 '추천시인상' 공모에 응모했는데, '월간시'에서 손을 떼고 '월간시인'을 창간 독립하게 되어 2023년 6월호 '월간시인' 신인상으로 매체를 옮겨 등단한 시인이다.

등단한 지 2개월 만에 첫시집을 내는 이현희 시인은 아직 걷지도 못하는 어린 아기시인인 셈이다. 그러나 이 시집에 수록된 작품들은 공모전에 응모하기 위해 쓴 작품들이 아니라 시집으로 등단하려고 오랫동안 준비했던 작품들이다. 신인상 공모라든가 문예지 추천, 또는 신춘문예 제도는 우리나라에만 있는 특이한 등단 시스템이지만 외국에서는 시집을 출판함으로써 시인이 되는 관례를 떠올리면 시집=등단도 하나의 등단 방식일 수도 있다.

이현희 시인은 '월간시인 신인상' 당선으로 등단 절차를 마치자마자 그동안 준비했던 200여 편에 이르는 작품을 필자에게 보내왔다. 한 달 남짓 검토한 끝에 시집을 출판하는 데 흔쾌히 동의했다. 여느 시인들의 시집에 비해 부족함이 전혀 없다는 판단에서였다.

'월간시인 신인상'에서 이현희 시인은 「길」 「싸움」 「적막」 세 편이 당선작으로 선정되었다. 당선작 세 편의 전문을 공개하고, 심사위원 허형만 시인과 조명제 시인의 심사평을 곁들인다. 심사위원들이 당선작으로 선정한 이유를 한눈에 볼 수 있을 것이다.

이현희의 「길」은 해발 높이가 거의 같은 청계산과 관악산 정상을 오르는 길이 흙길 따라 오르는 길과 돌길 따라 오르는 길의 차이를 비교하면서 화자는 "인생길과 산길은 닮았다"는 깨달음을 통해 우리가 살아가는 길이 어떠한 길이든 결국은 "자신의 선택과 결정이 치러낸 역정歷程"이라는 삶의 명상이 얼마나 귀중한지를 보여주고 있다.(허형만 심사평) 「길」에서 "들어선 그 길로 곧장 정상으로 올라도/ 힘들어서 다른 길 찾으러 돌아가도/ 자신의 선택과 결정이 치러낸 역정"에 이르기까지의 산의 높이나 산길의 특성들을 비교해 간다. 그런 과정을 거쳐 정상에 올라서 보게 되는 풍경과 감회를 다룬 「길」은 그것이 '자신의 선택과 결정'에 따라 결과되는 역정이며 인생길임을 일러 준다. (조명제 심사평)

서울 한강 남쪽 청계산과 관악산
청계산 정상 해발 620미터
관악산 정상 해발 629미터 거의 같다.

산줄기 서로 연결되고
오르는 길이 돌보다 흙이 더 많은 것과

흙보다 돌이 더 많은 것이 다르다.

돌길 따라 관악산 정상에 올라온 이나
흙길 따라 청계산 정상에 올라온 이나
내려다보이는 풍경은 그게 그거다.

돌길 따라 오르는 사람도 힘들었고
흙길 따라 오르는 사람도 힘들었고
힘들게 이겨낸 스스로 자랑스럽다

들어선 그 길로 곧장 정상으로 올라도
힘들어서 다른 길 찾으러 돌아가도
자신의 선택과 결정이 치러낸 역정歷程

내길 네길, 흙길 돌길
저쪽 길이 편해 보여도 힘들기는 마찬가지
인생길과 산길은 닮은 길이다.
―「길」 전문

이현희의 「싸움」은 싸우는 것을 싫어하는 "나"는 지는 게 두려워서 누군가와 경쟁하는 것을 피하더니 언젠가부터 "원하는 것을 얻기 위해서 경쟁하고 있는 것을" 깨닫는다. 이 깨달음은 상대의 누군가가 아니라 바로 "내가 나와 경쟁하는 것"이 인생을 살아가는 길이라는 점이다. 시적 경험 속에서 얻어진 사유의 깊이가 남다르다.(허형만 심사평) 「싸움」은 싸움의 경험과 사회적 경쟁의 논리적 이해라 할 만큼 그 과정적 전개의 방법이 특이하다.(조명제 심사평)

싸우는 것을 엄청나게 싫어했지
한창 싸우면서 자랄 나이 때부터 넌 그랬어.

애들이 둘러싸고 구경하는 한가운데서
그 녀석 덩치에 밀려 밑에 깔린
그날 이후로는 싸움을 피했지,
이길 힘은 없고 지기는 싫으니까

그게 습관처럼 굳어졌는지
지는 게 두려우니까
누군가와 경쟁하는 것을 피했어.
누구로부터 선택받는 것도 피했어.
선택받는 것이 누군가의 몫을 빼앗는 것만 같았거든
학교에서 보는 시험 이외에는
시험을 보지 않으면 안 되는 필수적인 시험만 치렀어
이를테면 운전면허시험이지

나는 실패를 너무 두려워했어.
왜냐하면,
내 뜻대로 내가 원하는 대로 이겨본 적이 없었으니까
그랬던 내가 드디어 무엇인가를 원하고
원하는 것을 얻기 위해서 경쟁하고 있어
처음에는 다른 누군가와 경쟁하는 줄 알았어.
그런데 내가 나와 경쟁하는 것이라는 것을 깨달았지

그러니까
이기면 내가 이기는 것이고
지면 또 내가 지는
나와의 싸움을 하는 거야
이제 내가 하는 경쟁이 두렵지 않아
이기고 지는 경쟁이 아니니까
반드시 치러야 하는 입학시험이야
그러니까 시험 볼 수 있을 때 잘해.

―「싸움」 전문

「적막寂寞」은 "아파트 단지가 쥐 죽은 듯 조용"한, 부부만 사는 한 가정을 통해 오늘날 현대인의 살고 존재하는 방식을 꾸밈없이 보여주고 있다는 점에서 공감이 간다. (허형만 심사평) 아기의 울음소리가 사라진 도시의 풍경을 형상화한 「적막」도 작자의 그런 특기가 잘 드러나 있는 작품이다. (조명제 심사평)

> 동네 병원에 다녀오니 집안은 나가기 전
> 그 모양 그대로인데 인기척이 없고
> 전등이 모두 꺼져있는 거실
> 창밖 훤한 햇살이 슬쩍 들여다보고 있다
>
> 먹다 남은 생일 케이크 식탁에 덩그렇고
> 시장 손수레 거실 귀퉁이에 쭈그리고 있다
> 아내는 옆으로 등 돌려 소파에 누워있고
> 텔레비전에서는 시리즈 영화가 한창이다
>
> 가만히 건드리니 자는 것이 아니라
> 그냥 눈감고 누워있는 거란다
> 보지 않을 텔레비전을 왜 켜놓았어?
> 그거라도 떠들어야 하니까 켜 두었단다.
>
> 맞아, 아파트 단지가 쥐죽은 듯 조용하다
> 아이들 떠드는 소리를 들은 것이 언제였던가
> 어느새 소파에 기대어 핸드폰 들여다보고
> 텔레비전은 여전히 혼자 떠들고 있다.
> ―「적막」 전문

5

이현희의 시는 사회의 특정한 사안에 대한 관심보다는 자기 자신을 향한 성찰을 다룬 작품이 많은 편이다. 사회와 시대에 대한 깊은 관심을 보여주는 작품이 부족하다는 뜻은 아니다. 사회에 대한 관심을 테마로 삼은 작품 중에서 이 시집의 표제標題가 된 「그래서 행복하십니까?」가 특별하다. 시인이 주는 메시지가 특별하다는 말이다. 메시지는 시 속의 주요 인물로 등장하는 '억하심정' '억지춘향' '먼산바라기'에게 보내는 형식을 취하고 있다. '억하심정抑何心情'은 도대체 무슨 심정이냐? 무슨 생각으로 그러는지 알 수 없어 마음속 깊이 맺힌 마음을 가리키는 사람을 가리키고, '억지춘향'은 원하지 않는 일을 어쩔 수 없이 하는 사람을 이르며, '먼산바라기'는 먼 곳만을 그냥 하염없이 우두커니 바라보는 사람을 가리키는 단어다. 이 시에 등장하는, 결코 하나의 개념일 수 없는 세 가지 유형의 인간형은 시인 자신으로 읽혀진다. 자신을 향해 시인은 연거푸 "지금 행복하십니까"를 계속 묻고 있지만, 굳이 그 질문의 대답을 기다리기보다는 맨 마지막 연에 있듯이 "지금 우리가 행복한 거지요?" 하고 '행복하다'는 긍정적 메시지로 되물으며 시를 마무리하고 있다.

> 억하심정님
> 그래서 지금 행복하십니까.
> 인간에게 충성하지 않으신다니
> 충성을 다 바치는 집사람은
> 인간이 아닌 거지요?
>
> (…중략…)
>
> 억지춘향님
> 그래서 지금 행복하십니까.
> 사람들이 목숨 끊고 꼬리 끊어도
> 전혀 고맙지도 미안하지도 않고

그 정도는 당연한 거지요?

(…중략…)

먼산바라기님
그래서 지금 행복하십니까.
붉은 장미가 싫어
파란 장미도 싫어
첩첩산중에 들어선 거지요?

(…중략…)

억하심정님
억지춘향님
먼산바라기님
그래서 지금 우리 모두가 행복한 거지요?
―「그래서 행복하십니까」 전문

시 「한 걸음 뒤에서」는 표제로 정한 「그래서 행복하십니까?」와 함께 마지막 순간까지 표제로 할지 말지를 두고 검토했던 작품이다. 「그래서 행복하십니까?」보다 이현희의 시를 대표하는 시적 스텐스를 보여주는 작품은 오히려 「한 걸음 뒤에서」가 더 적당할 수도 있겠구나 하고 생각했기 때문이다. 「그래서 행복하십니까?」가 '시인' 이현희의 태도를 잘 표현한 작품이라고 한다면 「한 걸음 뒤에서」에는 '인간' 이현희의 삶에 대한 태도가 분명하게 나타난 작품이다.

(…전략…)

바람에 날리고 비에 젖어도

꽃잎 곱던 꽃송이
여전히 꽃이니
꽃으로 저물어 가시게

당신 있어 한세상 웃고 살아
고맙고 가엾고 미안해서

이제는 아무리 우겨도
이기려 들지 않으리다.

건널목에서 달리지 말고
신호등 잘 보고 천천히 건너요.

화사한 슬픔 보듬어 안고
한걸음 뒤에서 걸으리다.
―「한 걸음 뒤에서」 부분

시인은 평생을 함께 해온 아내를 향해 "당신 있어 한 세상 웃고 살아/ 고맙고 가엾고 미안해서// 이제는 (당신이) 아무리 우겨도/ 이기려 들지 않으리다"며, "건널목에서 달리지 말고/ 신호등 잘 보고 천천히 건너"라면서 시인 자신은 그 아내 뒤에서 "한 걸음 뒤에서 걸으리다" 약속하고 있다.

이 시에 등장하는 '아내'는 곧 시인이 함께 일하고 부대끼며 생활해온 동료나 친구, 이웃으로 바꾸어 생각할 수도 있다. '한 걸음 뒤'를 따라가는 삶의 자세는, 남보다 앞서기 위해서 머리를 굴리고, '성공'이라는 목표를 달성하기 위해 온갖 행동을 함으로써 자신을 내몰고 있는 현대인들과는 다르다. '한 걸음 뒤'로 표현된 겸손하고 자족하는 이런 생활이야말로 값진 인생관이라는 시인의 생각을 한눈에 알아볼 수 있는 작품이다.

이현희 시인의 고향은 전라남도 장흥군 관산읍이다. 명산으로 손꼽히는 천관산을 뒤에 두고 앞으로는 득량만이 있다. 득량만은 장흥군과 고흥군 보성군으로 둘러싸여 있는 꽤 널찍한 만으로, 김과 미역 등 수산물이 풍부한 바다다. 고읍천은 관산읍 들판을 관통해 득량만 바다로 흐른다.

고향을 소재로 한 몇 안 되는 이현희의 작품 중에 「은어야 바다로 가자」는 눈길을 끈다. 은어는 원래 민물고기지만 민물(고읍천)에서 살다가 바다(득량만)으로 나간 어류다. 이 은어의 생태를 면밀하게 관찰해 훌륭한 시 한 편을 건져 올린 것이다. "여냇가 다리 밑 깊은 물에 산란하고/ 태어난 아이들"이 새로운 세상인 (넓은) 바다를 찾아가지 못하고 밀물에서 잠을 자고 있는 모습을 보고 "지평선에 둥근 불덩이가 불끈 솟아" 오르는 새벽에 화자는 (은어에게) 말을 붙인다. "은어야 구지소 돌파해서 바다로 가자"고. 이현희의 시에서 이렇게 힘찬 희망과 생명의 에너지가 넘치는 작품이 있다는 것도 놀랍다. 여기에 등장하는 지명인 '구지소'는 단순한 지명이라기보다는 답답하고 어려운 현실을 의미하는 상징으로도 해석할 수 있겠다.

산 아래 저 멀리 휘황한 도회의 불빛들이
귀부인 목걸이처럼 외려 외롭게 반짝이는 새벽
간밤에 한 줄기 소나기처럼 문득 꿈을 꾸었다.

해질녘 고읍천 맑은 물 따라 내려오는
은어들이 얕은 물 조약돌에 몸 부비고
파닥거려 빚어내는 물비늘이 장관이었다.

득량만 바다와 고읍천을 오가는 우리 동네
은어는 여냇가 다리 밑 깊은 물에 산란하고
태어난 아이들 새로운 세상 찾아 바다로 가면

홀연히 물 위에 누워 숭고한 잠을 잔다.

지평선에 둥근 불덩이가 불끈 솟아오르고 있다
이 새벽 나가서 누구에게 뭐라고 말을 붙일까

은어야 구지소沼 돌파해서 바다로 가자.
―「은어야 바다로 가자」 전문

6

이현희의 시에는 가족과 고향과 관련한 소재와 인연 맺은 사람들 이야기가 여럿 등장한다. 잘 먹고 행복한 유년기를 보낸 사람보다 힘들고 궁핍한 어린 시절을 보낸 사람일수록 유년의 추억을 더욱 소중하게 간직한다는 말은 옳다.

이현희 시인도 예외가 아니다. 아버지와 어머니, 막내동생, 그리고 고마운 누나…가 작품 속에 살아나고 있다. 말하자면 아프고 힘든 시대를 더불어 견뎌온 가족은 이현희를 시인으로 만든 은인이나 다름없다는 사실을 시인이 은연중에 강조하고 있는지 모른다.

막내동생이 바람에 몹시 흔들리고 있다.

어머니 그렇게 많이 눈 껌벅이던 날
엄마 나이보다 오래 산다며 안심시키고

선산 이장하던 날, 큰 병 물려준
아빠 고마워 이마에 입 맞추더니

공기 좋은 모래밭에 홀로 앉아
다 허물어져 가는 헌 집 부여안고
손등에 모래 얹어 하염없이 토닥인다.

두껍아, 두껍아 헌 집 줄게 새집 다오.
(…이하 생략…)
─「두껍아, 두껍아」부분

(…전략…)

어린 나이에 친구들 다니는 학교에서
공부 대신 돈을 벌어야 했고
서울 친척집에서 눈칫밥 먹어가며
돈을 벌어야 했다.

"숙자야. 나 좀 살려 주라."
간절한 눈빛으로 바라보시는 아버지를
살려드릴 수 없어서 그때는 울었다.

고단한 세월 속에서 차마 울 수도 없었던
문학소녀는 비로소 울 수 있었다.
동생인 나는 그 눈물의 의미를 알고 있다.
(…이하 생략…)
─「누나」부분

아이의 삶이 고단함을 알면서도
무엇하나 어찌 해 주지 못하고
내 아버지 가슴을 들여다본다.

자신의 손발과 두어 뼘 등짝이 아니면
무엇하나 어찌할 수 없는 형편으로
삶에 치이어서 새까맣게 타버린 아버지
가슴으로 남겨주신 유산이 시리다.

(…중략…)

아들아 좁은 길 넓은 길 가리지 말고
네 마음껏 굴러 봐라 네 인생이다
네 뒤엔 내가 있잖니

이런 말을 그때 좀 해줄 걸
때라는 것이 지나가면 그만인 거라서
이제는 아무런 소용이 없다

애야 미안하구나...
너는 이런 유산을 남기지 말거라.
―「대물림」 부분

7

첫시집 「그래서 행복하십니까?」을 펴내는 이현희 시인은 전라남도 장흥군 관산읍 에서 태어났다. 중학교를 졸업한 아들을 경제적 형편이 여의치 못해 고등학교에 진학시킬 수 없다고 판단한 부친은 서울 미아삼거리 친척집으로 보낸다. 서울 생활은 미아동, 월곡동, 종암동 일대 구역의 우유배달을 시작으로 정릉의 텔레비전 틀을 만드는 공장, 창신동 메리야스 공장 등에서 아르바이트를 하면서 살았지만 어린 몸으로 고된 일을 버티기가 힘들어 고향으로 되돌아간다. 그러다가 고등학교 입학시험 마감을 일주일 앞두고, 역시 서울에 살던 누나가 보내온 서울북공고(현재 서울도시과학기술고등학교) 입학시험용 원서를 받아 시험에 응시해 기계과에 입학한다. 1974년 서울북공고를 졸업하고, 1975년 7월 25일부터 서울특별시교육위원회(현재 서울시 교육청)에서 37년 동안 학교시설사업 관련 공무원으로 봉직하다가 정년퇴직 1년 전에 명퇴한다. 공무원 생활을 하는 동안 1983년 동국대학교 공과대학 2부 대학에 입학하여 산업공학과를 졸업한다.

이현희 시인은 직장의 컴퓨터를 통해 페이스북에서 시 산문을 올리며 페친들과 소통한다. 그 중에 시 형태로 압축한 글의 반응이 산문에 비해 좋았다. 페친들 권유로 그 습작 시들을 묶어 시집을 만들자는 목표를 세우고, 그 시집으로 시인 등단을 꿈꾼다. 하지만 아무래도 등단하는 것은 문예지 신인상으로 등단하는 게 좋다고 생각을 바꾸고는 '월간시' 시인상 공모전에 응모하기 시작한 후, 네 번째 만에 '신인상'에 당선한다. 중학교를 졸업할 무렵, 문학 소녀를 꿈꾸던 누나가 쓰던 방에 있던 문학서적들을 읽으면서부터 소년 이현희는 다음에 어른이 되면 시인이 되겠다는 꿈을 꾸는데, 무려 반세기가 지난 뒤에 꿈을 이룬 셈이다.

이처럼 시인이 되려는 생애의 소망을 품은 소년이 늦었지만, 마침내 그 꿈을 이룬 데 대해 다시 한 번 격려와 지지의 박수를 보낸다.

앞으로 이현희 시인은 '평범함'을 '비범함'으로 형상화하는 재능을 살리고, 여기에 다른 시인에게서는 보기 힘든 '진정성'을 잃지 않는다면, 분명 한국 현대시를 이끄는 중요한 시인이 될 수 있다고 필자는 기대한다. '평범함=비범함'의 시적 전략이 큰 동력이 되리라 믿는 것이다. 더욱이 노년에 접어든 나이임에도 자신을 짐짓 젊은 체하지 않는 정직한 자세가 독자들에게서 뜨거운 지지를 받을 게 틀림없을 것이다.

젊어 한때 슬픈 노래를 좋아했다
주르륵 흐르는 눈물과 카타르시스
그들을 좋아했었다

딱히 슬픈 일이 있어서가 아니라
이름 모를 아픔이 그냥

그런 노래를 좋아하게 했을 것이다

다시 그 노래가 귓가에 맴돈다
일부러 찾아내지 않아도 들리는
슬픔 어린 곡조

눈물과 카타르시스
얽매임이 없어도 괜히 탈출하고픈

내가 아는
삶 자체가 보헤미안인
그가 꿈꾸는 탈출

(…중략…)

슬픔은 깨어진 항아리에 있었다
늦게 핀 매미가 목 놓아 운다
울게 하소서
—「늙은 시인의 노래」 부분